AF229298

LA PVISSANTE ARMEE

De Monsieur le Prince d'ORANGE, Contre le Roy d'Espagne.

Auec la

DEFFAITE DE HVICT COM-pagnies de Cauallerie Espagnolle,

Par les François, soubs la conduitte de Monsieur le Comte Maurice de Nassau.

A PARIS,

Par P. METTAYER, Imprimeur ordinaire du Roy.

M. DCXXXIII.

AVEC PERMISSION.

L'ESTAT GENERAL
de la Puiſſante Armée de Monſieur le Prince d'ORANGE, contre le Roy d'Eſpagne.

VOVS apprendrez par ceſte depeſche extraordinaire, Que Mōſieur le Prince d'Orāge s'eſt mis en Cāpagne le dernier iour du mois paſſé, auec vne puiſſante Armée, l'on ne ſçait iuſques à preſent à qu'elle place du party contraire il en veut, c'eſt ce

A ij

qui met & tient les Eſpagnols, &
toute la Flandre en eſchec, tant
aux villes frontieres de terre fer-
me, qu'au maritimes, leſquelles
toutes il a faict ſoubs main reco-
gnoiſtre, & a les plans de la plus
grande partie d'icelles.

Le iour deuant ſon depart,
tous les Ambaſſadeurs des Prin-
ces Eſtrangers arriuerent en ſon
Camp & prirent congé de luy.

Ses forces ſont ſi grandes que
l'on n'eſtime pas que iamais Meſ-
ſieurs les Eſtats ayent mis ſur
pied vne ſemblable armée, la-
quelle eſt compoſée de ce qui
s'enſuit.

Deux cens quatre vingts cinq
Compagnies d'Infanterie.

Soixante & dixhuict Cornetes
de Cauallerie.

Soixante & quatre pieces de
canon de diuers calibres.

Seize cens tonneaux de fari-
nes.

Cinquante deux chariots chargez de chairs sallées.

Quatre vingts chariots chargez de bleds.

Cinquante chariots chargez de
diuerses munitions.

Douze cens tonnes de poudres.

Neuf cens tonneaux remplis
tant de balles que de mesches.

Quatre vingts tonneaux de vin
pour les malades.

Grand nombre d'autres chariots chargez, tant d'attirail pour

le canon, de pics, eschelles, bar-
ques, ponts, pontons, & vne in-
finité d'outils vtilles pour remuer
la terre.

A la suitte du corps de ladite
Armée l'ordre est d'y auoir tous-
jours de prests trois cens soixante & dix mille pains d'vne liure
piece.

Outre tout cela, l'on faict aus-
si conduire quarante fours tous
construicts & prests à faire pain.

Cinquante cinq moulins pour
faire farine.

Et pour ce qui est des person-
nes vtilles à vne telle Armée, l'on
a faict vn amas de trois cens cinquante boullangers, de nombre
de Chirurgiẽs, & ainsi d'Officiers

de diuers exercices , dont l'on a
besoin, pour entrer dans vn pays
où l'on estime ne trouuer aucu-
nes commoditez.

L'on attends de iour à autre six
compagnie de Cauallerie , &
neuf d'Infanterie, qui ont esté le-
uez, tant en Angleterre , que E-
cosse, soubs le bon plaisir de sa
Majesté, qui doiuent venir ioindre son Altesse.

Le Comte Guillaume de Nas-
sau a desia fait voile, & à tiré vers
la Flandre, auec cinq Regimens
Allemans, & huict cens Mate-
lots d'eslite, par le moyen des-
quels il espere bien faire du raua-
ge : Il doit encores se fortifier
dans les Garnisons de Berhphe-

lon en Zelande.

Depuis quelques iours les Al-
lemãs ont passé la Meuze à Graue
en nombre de Cinq mil cheuaux
effectifs, & de là ils ont tiré vers
Ostervvyk entre Bolduc & Bre-
dã : Ce pendant les Espagnols
ne font que voltiger d'vn costé
& d'autre, ne sçachans de quel
costé se pouuoir garantir.

Toute leur preuoyance n'a
sçeu empescher que Huict Cornettes de Cauallerie Espagnolle,
n'ayent tombé entre les mains
du Comte Maurice de Nassau,
qui conduisoit six Cõpagnies de
Cauallerie Françoise : lesquels
ayans auec ledit sieur Comte re-
cogneu que ceste rencontre e-

stoit

ſtoit de leur party contraire , ſe reſolurent à vn inſtant de leur deliurer combat : Ce qu'ils firent d'vn tel courage , qu'il ne fut pas poſſible aux Eſpagnols de leur en deſdire. Le choc fut ſi rude pour leſdits Eſpagnols , qu'il en demeura trois cens & plus ſur la place, deux Cornettes priſes, qui furent incontinent portées à ſon Alteſſe, leurs cheuaux & bagages , apres auoir mis le reſte en deroutte demeurerent en la poſſeſſion des valets.

Du coſté dudit ſieur Comte de Naſſau a eſté tué le ſieur de la Fontaine, Xaintongeois , Capitaine de l'vne des compagnies, deux Lieutenans, & vingt-ſept

Gens-d'armes.

Les François eſtant arriuez au combat pourſuiuerent les Eſpagnols pres d'vne lieuë de chemin, deſirant auoir entierement la victoire, & n'euſt eſté que les fuiarts prirent les bois, & que le iour commençoit à finir, il eſt à croire que le nombre des morts auroit eſté augmenté, ſi bien que nos François faute de n'auoir matiere d'exercer leurcourage ſe rallierent & allerent prédre leur logement dans le quartier qui auoit eſté marqué pour le ſieur Comte Maurice de Naſſau.

Le lendemain l'on eut aduis que quelques trouppes Eſpagnolles c'eſtoient logées dans le

Chasteau d'Arsen qui appartient
à Messieurs les Estats d'Hollan-
des, dans lequel ils esperoient te-
nir bon , & mesme de s'y fortifier, ledit sieur Comte Maurice
de Nassau les enuoye sommer de
sortir de ceste place , & la ren-
dre en tel estat quelle estoit à
leur arriuée, sans emporter aucu-
nes choses, dont ils firent refus
du premier coup. Le sieur de la
Fontaine Xaintongeois Capitaine de l'vne des compagnée de
Cauallerie, demanda permission
audit sieur Comte Maurice de
Nassau de faire aduancer deux
Regiment qui les suiuoient en
queuë, & de les aller assieger, Ce
qui luy fut accordé.

L'ordre de battre ceſte Place ne
fut ſitoſt dõné, que l'on cõmença
de tirer huict vollée de moyen-
nes pieces, l'infanterie à les ſa-
luer d'vne muſique de Mouſque-
tades, les Eſpagnols voyant que
ils ne pouuoient reſiſter, ſe ren-
dirent à la miſericorde du ſieur
Comte, qui leur fit la faueur de
ſortir le mouſquet ſoubs le bras,
la meſche eſteinte, & ainſi des
autres : Et pour le degaſt qu'ils
auoient fait dans ceſte place,
leurs chariots & bagages demeura pour recompence.

Les quatre Deputez de Bra-
bant ne peuuent prendre leur
congé, quoy qu'on leur face, ou
qu'on leur die, leur patience eſt

prife pour vne marque de leur mifere, & la grandeur Efpagnole fe trouue fort rauallée par leur fejour de pardeça, mais la neceffité n'a ny loy ny refpect.

Le deffaut des trouppes de Lorraine pres Haguenau eftbien venu à propos: car lefdits Deputez fe vantoient qu'elles viendroient ioindre leur armée.

Meffieurs les Eftats Generaux de la Prouince de Hollande s'affemblerent le trentiefme du dernier, pour refoudre quelques leuées de gens de guerre, à celle fin d'en garnir les Frontieres, & ce pendant l'on en tire les vieilles garnifons pour battre aux champs.

9 782011 906465